In Celebration Of...

Guest _____

Messages _____

_____

_____

Wishes _____

_____

_____

Guest _____

Messages _____

_____

_____

Wishes _____

_____

_____

Guest _____

Messages _____

_____

_____

Wishes _____

_____

_____

Guest _____

Messages _____

_____

_____

Wishes _____

_____

_____

Guest _____

Messages _____

_____

_____

Wishes _____

_____

_____

Guest _____

Messages _____

_____

_____

Wishes _____

_____

_____

Guest _____

Messages _____

_____

_____

Wishes _____

_____

_____

Guest _____

Messages _____

_____

_____

Wishes _____

_____

_____

Guest _____

Messages _____

_____

_____

Wishes _____

_____

_____

Guest _____

Messages _____

_____

_____

Wishes _____

_____

_____

Guest _____

Messages _____

_____

_____

Wishes _____

_____

_____

Guest _____

Messages _____

_____

_____

Wishes _____

_____

_____

Guest _____

Messages _____

_____

_____

Wishes _____

_____

_____

Guest _____

Messages _____

_____

_____

Wishes _____

_____

_____

Guest _____

Messages _____

_____

_____

Wishes _____

_____

_____

Guest _____

Messages _____

_____

_____

Wishes _____

_____

_____

Guest _____

Messages _____

_____

_____

Wishes _____

_____

_____

Guest _____

Messages _____

_____

_____

Wishes _____

_____

_____

Guest _____

Messages _____

_____

_____

Wishes _____

_____

_____

Guest _____

Messages _____

_____

_____

Wishes _____

_____

_____

Guest _____

Messages _____

_____

_____

Wishes _____

_____

_____

Guest _____

Messages _____

_____

_____

Wishes _____

_____

_____

Guest _____

Messages _____

_____

_____

Wishes _____

_____

_____

Guest _____

Messages _____

_____

_____

Wishes _____

_____

_____

Guest _____

Messages _____

_____

_____

Wishes _____

_____

_____

Guest _____

Messages _____

_____

_____

Wishes _____

_____

_____

Guest _____

Messages _____

_____

_____

Wishes _____

_____

_____

Guest _____

Messages _____

_____

_____

Wishes _____

_____

_____

Guest _____

Messages _____

_____

_____

Wishes _____

_____

_____

Guest _____

Messages _____

_____

_____

Wishes _____

_____

_____

Guest _____

Messages _____

_____

_____

Wishes _____

_____

_____

Guest _____

Messages _____

_____

_____

Wishes _____

_____

_____

Guest _____

Messages _____

_____

_____

Wishes _____

_____

_____

Guest _____

Messages _____

_____

_____

Wishes _____

_____

_____

Guest _____

Messages _____

_____

_____

Wishes _____

_____

_____

Guest _____

Messages _____

_____

_____

Wishes _____

_____

Guest _____

Messages _____

_____

_____

Wishes _____

_____

_____

Guest _____

Messages _____

_____

_____

Wishes _____

_____

_____

Guest _____

Messages _____

_____

_____

Wishes _____

_____

_____

Guest _____

Messages _____

_____

_____

Wishes _____

_____

_____

Guest _____

Messages _____

_____

_____

Wishes _____

_____

_____

Guest _____

Messages _____

_____

_____

Wishes _____

_____

_____

Guest _____

Messages _____

_____

_____

Wishes _____

_____

_____

Guest _____

Messages _____

_____

_____

Wishes _____

_____

Guest _____

Messages _____

_____

_____

Wishes _____

_____

_____

Guest _____

Messages _____

_____

_____

Wishes _____

_____

_____

Guest _____

Messages _____

_____

_____

Wishes _____

_____

_____

Guest _____

Messages _____

_____

_____

Wishes _____

_____

_____

*Guest*_____

Messages _____

_____

_____

Wishes _____

_____

_____

*Guest*_____

Messages _____

_____

_____

Wishes _____

_____

_____

Guest _____

Messages _____

_____

_____

Wishes _____

_____

_____

Guest _____

Messages _____

_____

_____

Wishes _____

_____

_____

Guest _____

Messages _____

_____

_____

Wishes _____

_____

_____

Guest _____

Messages _____

_____

_____

Wishes _____

_____

_____

Guest _____

Messages _____

_____

_____

Wishes _____

_____

_____

Guest _____

Messages _____

_____

_____

Wishes _____

_____

_____

Guest _____

Messages _____

_____

_____

Wishes _____

_____

_____

Guest _____

Messages _____

_____

_____

Wishes _____

_____

_____

Guest _____

Messages _____

_____

_____

Wishes _____

_____

_____

Guest _____

Messages _____

_____

_____

Wishes _____

_____

_____

Guest _____

Messages _____

_____

_____

Wishes _____

_____

_____

Guest _____

Messages _____

_____

_____

Wishes _____

_____

_____

Guest _____

Messages _____

_____

_____

Wishes _____

_____

_____

Guest _____

Messages _____

_____

_____

Wishes _____

_____

_____

Guest _____

Messages _____

_____

_____

Wishes _____

_____

_____

Guest _____

Messages _____

_____

_____

Wishes _____

_____

_____

Guest _____

Messages _____

_____

_____

Wishes _____

_____

_____

Guest _____

Messages _____

_____

_____

Wishes _____

_____

_____

Guest _____

Messages _____

_____

_____

Wishes _____

_____

_____

Guest _____

Messages _____

_____

_____

Wishes _____

_____

_____

Guest _____

Messages _____

_____

_____

Wishes _____

_____

_____

Guest _____

Messages _____

_____

_____

Wishes _____

_____

_____

Guest _____

Messages _____

_____

_____

Wishes _____

_____

_____

Guest _____

Messages _____

_____

_____

Wishes _____

_____

_____

Guest _____

Messages _____

_____

_____

Wishes _____

_____

_____

Guest _____

Messages _____

_____

_____

Wishes _____

_____

_____

Guest _____

Messages _____

_____

_____

Wishes _____

_____

_____

Guest _____

Messages _____

_____

_____

Wishes _____

_____

_____

Guest _____

Messages _____

_____

_____

Wishes _____

_____

_____

Guest _____

Messages _____

_____

_____

Wishes _____

_____

_____

Guest _____

Messages _____

_____

_____

Wishes _____

_____

_____

Guest _____

Messages _____

_____

_____

Wishes _____

_____

_____

*Guest*_____

Messages _____

_____

_____

Wishes _____

_____

_____

*Guest*_____

Messages _____

_____

_____

Wishes _____

_____

_____

Guest _____

Messages _____

_____

_____

Wishes _____

_____

_____

Guest _____

Messages _____

_____

_____

Wishes _____

_____

_____

Guest _____

Messages _____

_____

_____

Wishes _____

_____

_____

Guest _____

Messages _____

_____

_____

Wishes _____

_____

_____

Guest _____

Messages _____

_____

_____

Wishes _____

_____

_____

Guest _____

Messages _____

_____

_____

Wishes _____

_____

_____

Guest _____

Messages _____

_____

_____

Wishes _____

_____

_____

Guest _____

Messages _____

_____

_____

Wishes _____

_____

_____

Guest _____

Messages _____

_____

_____

Wishes _____

_____

_____

Guest _____

Messages _____

_____

_____

Wishes _____

_____

_____

Guest _____

Messages _____

_____

_____

Wishes _____

_____

_____

Guest _____

Messages _____

_____

_____

Wishes _____

_____

_____

Guest _____

Messages _____

_____

_____

Wishes _____

_____

_____

Guest _____

Messages _____

_____

_____

Wishes _____

_____

_____

Guest _____

Messages _____

_____

_____

Wishes _____

_____

_____

Guest _____

Messages _____

_____

_____

Wishes _____

_____

_____

Guest _____

Messages _____

_____

_____

Wishes _____

_____

_____

Guest _____

Messages _____

_____

_____

Wishes _____

_____

_____

Guest _____

Messages _____

_____

_____

Wishes _____

_____

_____

Guest _____

Messages _____

_____

_____

Wishes _____

_____

_____

Guest _____

Messages _____

_____

_____

Wishes _____

_____

_____

Guest _____

Messages _____

_____

_____

Wishes _____

_____

Guest _____

Messages _____

_____

_____

Wishes _____

_____

_____

Guest _____

Messages _____

_____

_____

Wishes _____

_____

_____

Guest _____

Messages _____

_____

_____

Wishes _____

_____

_____

Guest _____

Messages _____

_____

_____

Wishes _____

_____

_____

Guest _____

Messages _____

_____

_____

Wishes _____

_____

_____

Guest _____

Messages _____

_____

_____

Wishes _____

_____

_____

Guest _____

Messages _____

_____

_____

Wishes _____

_____

_____

Guest _____

Messages _____

_____

_____

Wishes _____

_____

_____

Guest _____

Messages _____

_____

_____

Wishes _____

_____

_____

Guest _____

Messages _____

_____

_____

Wishes _____

_____

_____

Guest _____

Messages _____

_____

_____

Wishes _____

_____

_____

Guest _____

Messages _____

_____

_____

Wishes _____

_____

_____

Guest _____

Messages _____

_____

_____

Wishes _____

_____

_____

Guest _____

Messages _____

_____

_____

Wishes _____

_____

_____

Guest _____

Messages _____

_____

_____

Wishes _____

_____

_____

Guest _____

Messages _____

_____

_____

Wishes _____

_____

_____

Guest _____

Messages _____

_____

_____

Wishes _____

_____

_____

Guest _____

Messages _____

_____

_____

Wishes _____

_____

_____

Guest _____

Messages _____

_____

_____

Wishes _____

_____

_____

Guest _____

Messages _____

_____

_____

Wishes _____

_____

_____

Guest _____

Messages _____

_____

_____

Wishes _____

_____

_____

Guest _____

Messages _____

_____

_____

Wishes _____

_____

_____

Guest _____

Messages _____

_____

_____

Wishes _____

_____

_____

Guest _____

Messages _____

_____

_____

Wishes _____

_____

_____

Guest _____

Messages _____

_____

_____

Wishes _____

_____

_____

Guest _____

Messages _____

_____

_____

Wishes _____

_____

_____

Guest _____

Messages _____

_____

_____

Wishes _____

_____

_____

Guest _____

Messages _____

_____

_____

Wishes _____

_____

_____

Guest _____

Messages _____

_____

_____

Wishes _____

_____

_____

Guest _____

Messages _____

_____

_____

Wishes _____

_____

_____

Guest _____

Messages _____

_____

_____

Wishes _____

_____

_____

Guest _____

Messages _____

_____

_____

Wishes _____

_____

_____

Guest _____

Messages _____

_____

_____

Wishes _____

_____

_____

Guest _____

Messages _____

_____

_____

Wishes _____

_____

_____

Guest _____

Messages _____

_____

_____

Wishes _____

_____

_____

Guest _____

Messages _____

_____

_____

Wishes _____

_____

_____

Guest _____

Messages _____

_____

_____

Wishes _____

_____

_____

Guest _____

Messages _____

_____

_____

Wishes _____

_____

_____

Guest_____

Messages _____

_____

_____

Wishes _____

_____

_____

Guest_____

Messages _____

_____

_____

Wishes _____

_____

_____

Guest _____

Messages _____

_____

_____

Wishes _____

_____

_____

Guest _____

Messages _____

_____

_____

Wishes _____

_____

_____

Guest _____

Messages _____

_____

_____

Wishes _____

_____

_____

Guest _____

Messages _____

_____

_____

Wishes _____

_____

_____

Guest _____

Messages _____

_____

_____

Wishes _____

_____

_____

Guest _____

Messages _____

_____

_____

Wishes _____

_____

_____

Guest _____

Messages _____

_____

_____

Wishes _____

_____

_____

Guest _____

Messages _____

_____

_____

Wishes _____

_____

_____

Guest _____

Messages _____

_____

_____

Wishes _____

_____

_____

Guest _____

Messages _____

_____

_____

Wishes _____

_____

_____

Guest _____

Messages _____

_____

_____

Wishes _____

_____

_____

Guest _____

Messages _____

_____

_____

Wishes _____

_____

_____

Guest _____

Messages _____

_____

_____

Wishes _____

_____

_____

Guest _____

Messages _____

_____

_____

Wishes _____

_____

_____

Guest _____

Messages _____

_____

_____

Wishes _____

_____

_____

Guest _____

Messages _____

_____

_____

Wishes _____

_____

_____

Guest _____

Messages _____

_____

_____

Wishes _____

_____

_____

Guest _____

Messages _____

_____

_____

Wishes _____

_____

_____

Guest _____

Messages _____

_____

_____

Wishes _____

_____

_____

Guest _____

Messages _____

_____

_____

Wishes _____

_____

_____

Guest _____

Messages _____

_____

_____

Wishes _____

_____

_____

Guest _____

Messages _____

_____

_____

Wishes _____

_____

_____

Guest _____

Messages _____

_____

_____

Wishes _____

_____

_____

Guest _____

Messages _____

_____

_____

Wishes _____

_____

_____

Guest _____

Messages _____

_____

_____

Wishes _____

_____

_____

Guest _____

Messages _____

_____

_____

Wishes _____

_____

_____

Guest _____

Messages _____

_____

_____

Wishes _____

_____

_____

Guest _____

Messages _____

_____

_____

Wishes _____

_____

_____

Guest _____

Messages _____

_____

_____

Wishes _____

_____

_____

Guest _____

Messages _____

_____

_____

Wishes _____

_____

_____

Guest _____

Messages _____

_____

_____

Wishes _____

_____

_____

Guest _____

Messages _____

_____

_____

Wishes _____

_____

_____

Guest _____

Messages _____

_____

_____

Wishes _____

_____

_____

Guest _____

Messages _____

_____

_____

Wishes _____

_____

_____

Guest _____

Messages _____

_____

_____

Wishes _____

_____

_____

Guest _____

Messages _____

_____

_____

Wishes _____

_____

_____

Guest _____

Messages _____

_____

_____

Wishes _____

_____

_____

Guest _____

Messages _____

_____

_____

Wishes _____

_____

_____

*Guest*_____

Messages _____

_____

_____

Wishes _____

_____

_____

*Guest*_____

Messages _____

_____

_____

Wishes _____

_____

_____

Guest _____

Messages _____

_____

_____

Wishes _____

_____

_____

Guest _____

Messages _____

_____

_____

Wishes _____

_____

_____

Guest _____

Messages _____

_____

_____

Wishes _____

_____

_____

Guest _____

Messages _____

_____

_____

Wishes _____

_____

_____

Guest _____

Messages _____

_____

_____

Wishes _____

_____

_____

Guest _____

Messages _____

_____

_____

Wishes _____

_____

_____

Guest _____

Messages _____

_____

_____

Wishes _____

_____

_____

Guest _____

Messages _____

_____

_____

Wishes _____

_____

_____

Guest _____

Messages _____

_____

_____

Wishes _____

_____

_____

Guest _____

Messages _____

_____

_____

Wishes _____

_____

_____

Guest _____

Messages _____

_____

_____

Wishes _____

_____

_____

Guest _____

Messages _____

_____

_____

Wishes _____

_____

_____

Guest _____

Messages _____

_____

_____

Wishes _____

_____

_____

Guest _____

Messages _____

_____

_____

Wishes _____

_____

_____

Guest _____

Messages _____

_____

_____

Wishes _____

_____

_____

Guest _____

Messages _____

_____

_____

Wishes _____

_____

_____

Guest _____

Messages _____

_____

_____

Wishes _____

_____

_____

Guest _____

Messages _____

_____

_____

Wishes _____

_____

_____

Guest _____

Messages _____

_____

_____

Wishes _____

_____

_____

Guest _____

Messages _____

_____

_____

Wishes _____

_____

_____

Guest _____

Messages _____

_____

_____

Wishes _____

_____

_____

Guest _____

Messages _____

_____

_____

Wishes _____

_____

_____

Guest _____

Messages _____

_____

_____

Wishes _____

_____

_____

Guest _____

Messages _____

_____

_____

Wishes _____

_____

_____

Guest _____

Messages _____

_____

_____

Wishes _____

_____

_____

Guest _____

Messages _____

_____

_____

Wishes _____

_____

_____

Guest _____

Messages _____

_____

_____

Wishes _____

_____

_____

Guest _____

Messages _____

_____

_____

Wishes _____

_____

_____

Guest _____

Messages _____

_____

_____

Wishes _____

_____

_____

Guest _____

Messages _____

_____

_____

Wishes _____

_____

_____

Guest _____

Messages _____

_____

_____

Wishes _____

_____

_____

Guest _____

Messages _____

_____

_____

Wishes _____

_____

_____

Guest _____

Messages _____

_____

_____

Wishes _____

_____

_____

Guest _____

Messages _____

_____

_____

Wishes _____

_____

_____

Guest _____

Messages _____

_____

_____

Wishes _____

_____

_____

Guest _____

Messages _____

_____

_____

Wishes _____

_____

_____

Guest _____

Messages _____

_____

_____

Wishes _____

_____

_____

Guest _____

Messages _____

_____

_____

Wishes _____

_____

_____

Guest _____

Messages _____

_____

_____

Wishes _____

_____

_____

Guest _____

Messages _____

_____

_____

Wishes _____

_____

_____

Guest _____

Messages _____

_____

_____

Wishes _____

_____

_____

Guest _____

Messages _____

_____

_____

Wishes _____

_____

Guest _____

Messages _____

_____

_____

Wishes _____

_____

_____

Guest _____

Messages _____

_____

_____

Wishes _____

_____

_____

Guest _____

Messages _____

_____

_____

Wishes _____

_____

_____

Guest _____

Messages _____

_____

_____

Wishes _____

_____

_____

*Guest*_____

Messages _____

_____

_____

Wishes _____

_____

_____

*Guest*_____

Messages _____

_____

_____

Wishes _____

_____

_____

Guest _____

Messages _____

_____

_____

Wishes _____

_____

_____

Guest _____

Messages _____

_____

_____

Wishes _____

_____

_____

Guest _____

Messages _____

_____

_____

Wishes _____

_____

_____

Guest _____

Messages _____

_____

_____

Wishes _____

_____

_____

Made in United States
North Haven, CT
15 April 2022